AF278581

LA GUERRE

L'EMPIRE DE GÉROLSTEIN

BAZAINE - METZ

LA RÉPUBLIQUE

PAR

ALBERT PERRIN

Capitaine Commandant dans la Garde Nationale
de Paris.

PARIS

CHEZ LES PRINCIPAUX LIBRAIRES

—

1871

LA GUERRE

18 Juillet 1870.

La guerre est déclarée, Paris s'agite, le pays s'émeut, la France s'attriste, le peuple souverain entre en ébullition.

Prends le deuil, ô mon pays ! car la guerre, à l'œil farouche, aux mains sanglantes, s'avance à pas rapides.

Et des milliers de soldats, salués, applaudis, acclamés par des milliers de spectateurs, s'engouffrent sous les voûtes de la gare de Strasbourg, s'entassent dans de nombreux wagons, qui les transporteront, entre le crépuscule et l'aurore, jusqu'à la frontière allemande. Ils y trouveront, pour couronner leur bravoure, la victoire, toujours fidèle à la France.

Et tous, riches, pauvres, bonapartistes arrogants, socialistes exaltés, ouvriers, paysans, tous, dis-je, crient avec enthousiasme : vive l'armée, vive la France, vive l'Empereur.

Et cependant, ô misère ! plus d'ateliers paisibles, de richesses laborieusement acquises, plus de sécurité, plus de jardins en fleurs, ni de femmes souriantes, de bébés caressants, rien de ce qui constitue le bonheur, les suprêmes satisfactions ici-bas !

1871.

Battez tambours! sonnez trompettes! En avant, en avant! vive l'Empereur!

Tout est menacé, compromis, tout peut périr.

Qu'importe? En avant!

Nul ne tremble, la France n'a réellement plus qu'un seul cœur, une seule voix, un seul désir: La victoire!

Tout son sang, elle l'offre; tout son or, elle l'apporte, jurant qu'on n'épuisera ni l'un ni l'autre.

Et les bataillons succèdent aux bataillons, marchant fière- ment, drapeaux déployés, vers des conquêtes certaines!

Ils vont vaincre, mais leur sang va couler!

En avant!

Ce sang si pur, si noble, si précieux, sera répandu à torrents!

Vive la France! En avant!

Dans les camps, parmi ceux qui vont mourir, comme dans les chaumières, parmi ceux qui vont pleurer, les mains s'étreignent, les cœurs se rapprochent et s'unissent dans une commune et patriotique pensée: En avant, en avant!

Comment expliquer cet étrange phénomène?

Maudite par tous les philosophes, flétrie par tous les pen- seurs, exécrée par toutes les mères, la guerre produit pour- tant cet effrayant miracle, d'embraser brusquement toutes les âmes, d'exciter tous les courages, de provoquer les plus bruyantes démonstrations, alors qu'elle devrait glacer, épou- vanter tous les cœurs, soulever toutes les répulsions, faire naître toutes les résistances, dans toutes les familles, dans **tous les pays!**

Mais non, l'ivresse des combats s'empare des plus timides. Sus à l'ennemi! En avant pour la frontière! Vive la France, la France des grands jours, vaillante, puissante, indomptable, féconde en grands généraux, comptant des défaites, mais comptant surtout des triomphes, des dates glorieuses, qui vont s'enrichir, grâce à vos efforts, soldats! grâce à la *furia française*. En avant!

Et il n'y a plus de repos dans la cité! Les femmes, les enfants, les vieillards, vaincus, convaincus, reniant leurs dieux, adorant la guerre, proscrivant la paix, s'inclinent devant les épées frémissantes, répètent les refrains guerriers, entonnent les hymnes belliqueux, formant d'une extrémité de la France à l'autre, de la Méditerranée à l'Océan, un chœur formidable, capable de faire tressaillir dans leurs tombes vingt générations de héros!

Et hier, c'était la paix, la France était florissante; partout des ateliers pleins de bruit, d'activité, de fumée, de chansons joyeuses. Le laboureur traçant son sillon, préparait les moissons futures; le canut de Lyon, le passementier de St-Etienne, courbés sur leurs métiers, tissaient ces merveilleuses étoffes, parure des tailles sveltes, ornement des têtes blondes.

De leur côté, l'artiste, le poëte, le peintre, le sculpteur, le musicien, enfantaient de nobles chef-d'œuvres, voluptés des esprits élevés!

Le calme régnait dans les esprits, nous vivions dans la sérénité, marchant vers Dieu, accomplissant nos destinées, lorsque brusquement, l'horizon s'assombrit, de puissants échos nous renvoyèrent des sons inconnus, des bruits de pas et de fer, et des pleurs aussi, les cris déchirants des populations dispersées, chassées, écrasées, poursuivies sans pitié, sans trève, sans repos, par ce fléau effroyable, cette furie infernale, s'avançant dans la nuit, le front incliné vers la terre, le fer dans une main, la flamme dans l'autre, les yeux pleins de colère, de malédictions, de menaces, qui s'appelle la guerre.

Mais à quoi bon discuter? La guerre est dans la nature des choses, et, vraisemblablement, elle y restera. Résignons-nous donc, et reconnaissons que si la guerre a ses misères, elle possède également ses grandeurs.

Quoi de plus grand, en effet, quoi de plus magnifique, qu'une nation comme la France quittant tout pour s'armer, pour suivre son drapeau, prodigue de son sang, prodigue de ses trésors, ne voulant plus que combattre, souffrir, vaincre ou mourir!

Ce noble spectacle, la France l'eût certainement offert à l'Europe, si les impatients, les brouillons, les avides, le drapeau rouge, les Cluseret, les Blanqui, les Deloge, les émeutiers, les pillards, les assassins, les fous furieux n'avaient pas fait dire au pays: tout plutôt que ce régime-là.

L'EMPIRE DE GÉROLSTEIN

Le dix-huit juillet mil huit cent soixante-dix, jour néfaste, je crus naïvement, comme la plupart des français, que nous marchions droit sur Berlin, par étapes, tambours battants, musique en tête. Oui, je le confesse, je crus cela, et voici mes raisons: « Si l'Empereur veut la guerre, me disais-je, « guerre à laquelle il songe depuis bien des années, c'est « assurément que toutes les chances absolument toutes, sont « de son côté. Il tient singulièrement à sa couronne, ses « principaux collaborateurs ne tiennent pas moins à leurs « grandes situations; l'on peut être certain qu'ils n'auront « rien livré au hasard. Nous sommes donc prêts, archi « prêts, surabondamment prêts, sous tous les rapports, à « tous les points de vue.

« Les ministres font à ce sujet des déclarations super- « flues, en ce sens qu'elles sont moins éloquentes que la « simple logique, qui n'admet dans ce cas ni doute ni « soupçon. Nous sommes prêts, nous sommes invincibles, « et c'est pour cela que nous tirons l'épée. Le maître n'i- « gnore nullement que si les *légitimes* reviennent parfois, « les princes d'aventure ne reviennent jamais, sauf à la « suite de circonstances miraculeuses, sur le retour des- « quelles, des hommes doués de raison ne peuvent guère « compter. Une bataille perdue, c'est le trône renversé, la « dynastie en fuite, l'amertume de l'exil succédant à la « douce ivresse du pouvoir, des grandeurs suprêmes. Aussi « serons-nous vainqueurs. Nous avons des hommes, des « armes, des plans, des généraux et de tout en abondance. « Nous ne sommes pas attaqués nous atttaquons, sérieuse- « ment fixés, éclairés sur l'irrésistible puissance de nos mo-

« yens, sur l'irrémédiable faiblesse des moyens de notre
« adversaire. Un doute, si léger fut-il, et l'Empereur reste-
« rait l'arme au pied, chef d'un grand État, fort, respecté,
« protégé d'ailleurs par des baïonnettes redoutables et des
« plébiscites imposants! »

Telle était ma logique, qui me paraissait avoir la solidité
de l'airain, la rigidité du bronze, l'inflexibilité du platine.
Elle était cependant bien loin d'avoir cette consistance, l'é-
vénement ne l'a que trop prouvé. Contrairement aux calculs
de la sagesse la plus élémentaire, tout nous faisait défaut.
Nous n'avions en notre faveur ni la solidité du prétexte de
cette guerre maudite, ni la supériorité des plans adoptés,
ni la perfection de l'artillerie, pas plus que la puissance du
nombre, des effectifs disponibles, exercés, instruits, pouvant
utilement et immédiatement entrer en ligne!

Ces conseillers de tous les ordres, de toutes les spéciali-
tés, si nombreux, si éclairés, si prudents, si intéressés au
maintien de l'empire, n'avaient donc rien vu, rien prévu,
rien entendu!

De quels genres de travaux s'occupaient le Conseil privé,
le Conseil des maréchaux, le Conseil d'Etat, dont la fortune
était si étroitement associée à la fortune impériale.

Préparaient-ils, ainsi que le supposent les imbéciles, la
chute d'un gouvernement qui était leur œuvre et leur sau-
vegarde? Ne renfermaient-ils réellement que des hommes
médiocres, n'ayant eu dans leur vie qu'une heure de courage, d'audace, de lucidité, lorsqu'il s'était agi, en 1852,

de mettre la main sur le pays, pour sortir de la misère et s'abandonner ensuite aux plaisirs corrupteurs qui devaient les transformer, eux jadis si clairvoyants, en conservateurs indifférents, avachis, crédules, dociles, toujours courbés, toujours tremblants, lâches, plats jusqu'à l'idiotisme.

Comment! pas un cœur assez ferme pour oser avertir le souverain? Pas une âme assez haute pour oser lui déplaire, affronter sa disgrace, en soutenant la nécessité de conserver la paix, lorsqu'il exprimait la volonté de commencer la guerre! Hélas! il faut bien se rendre à l'évidence, puisque les faits sont là, patents, avérés, indiscutables. Vous étiez le pouvoir, tous les agents étaient à vos ordres, toutes les ressources dans vos mains. Vous deviez tout savoir, tout préparer, tout organiser, et cependant vous ne saviez rien, pas plus de votre inconcevable indigence que de la force fabuleuse de l'ennemi.

Serait-il donc vrai que les vainqueurs de décembre, condamnés par la Providence vengeresse, perdirent tous au même instant la faculté de voir, de penser, d'agir?

Que l'Empire ait engagé le pays dans cette sombre aventure, à la rigueur je l'admets, et même je le pardonne, comprenant fort bien que certains personnages repus devaient assez peu se soucier de la France, de son avenir, de sa vraie gloire. Mais ce qui ne s'explique pas, ce que l'histoire ne voudra jamais admettre, c'est qu'il ne se soit trouvé personne parmi les intimes, les complices, les arrivés, les menacés, pour calmer les vélléités belliqueuses de l'Empereur, qui semble avoir organisé cette guerre avec le soin, l'attention, la sollicitude qu'exigerait l'organisation d'une partie de chasse à Compiègne ou à St-Germain.

Grisés par de faciles succès, les hommes de l'Empire auraient donc tout joué, tout compromis, tout perdu, tout, excepté l'honneur de notre armée, bien distinct de l'honneur de son généralissime. Nos soldats, osons le dire, valent ce que valaient leurs pères, qui firent l'admiration du monde, par leur courage, leur esprit généreux, chevaleresque, Nous restons leurs dignes fils, et le vainqueur de 1870, comme le vainqueur de 1813, n'a pu nous écraser que sous la puissance du nombre. Aussi ne nous sentons nous nullement humiliés. Et j'incline à croire que les allemands sensés sont médiocrement fiers de leurs nouveaux lauriers.

Lorsque trois hommes dépourvus de scrupules s'unissent pour terrasser un homme seul, ce n'est pas le vaincu qui doit rougir, c'est le vainqueur, réputé criminel, infame, lâche et déshonoré. Malheureusement la morale publique, bien différente de la morale ordinaire, se préoccupe plus des résultats que des moyens. La courtoisie n'est pas son fait. Mais la conscience humaine abdique-t-elle ses droits? Non, certes! Et si dans ces batailles gigantesques, à forces monstrueusement inégales, le monde absout le vainqueur, il n'y a pourtant parmi les hommes civilisés qu'une seule voix pour honorer, respecter le glorieux vaincu.

BAZAINE. — METZ.

A Metz comme à Sedan, l'impartiale histoire ne se lassera pas de le dire, nos soldats étaient excellents, bien commandés dans les corps, parfaitement en état de se mesurer avec les troupes prussiennes, prêts à mourir pour le drapeau, pour la Patrie. Les injures qui les poursuivent ne sauraient donc les atteindre, ni troubler le repos des victimes couchées sous les murs des forteresses, dans les plaines Lorraines, dans les forêts des Ardennes.

La vérité, la voici :

Mac-Mahon écrasé par des forces tout à fait supérieures, vraiment irrésistibles, nous restions debout, solides, puissants, attendant notre salut de Bazaine, qui tenait dans sa main une armée disciplinée, compacte, redoutable, notre dernière, notre suprême espérance.

Bazaine s'est rendu, tout s'est effondré.

Mais ce maréchal, traité d'abord de glorieux soldat, couvert ensuite de malédictions, a-t-il réellement trahi son pays, livré son armée, son honneur, se précipitant sciemment, volontairement dans le mépris public, distançant Raguse, dépassant Fouché, bravant tous les anathêmes, acceptant une souillure qui restera vive, éclatante, terrible, malgré le temps, à travers les siècles?

A-t-il, au contraire, marché simplement dans la seule voie qui fut ouverte à un homme de son passé, de son caractère, enchainé par son serment, si l'on veut par ses préjugés militaires, cherchant le devoir, ne le voyant pas dans le lâche abandon de l'Empire, qu'il pouvait, de très-bonne foi, supposer plus national, ayant dans le pays des racines plus étendues, plus profondes, que le gouvernement de fait installé à l'Hôtel-de-Ville, grâce à l'absence de l'armée, par quelques bataillons de la banlieue de Paris, remorquant l'écume, la lie des faubourgs?

Mais, dira-t-on, l'intérêt de la Patrie? l'Intérêt de la Patrie? Pourquoi le maréchal Bazaine, les généraux, les fiers états-majors, la garde impériale, tous si profondément anti-républicains, l'auraient-ils vu du coté des agitateurs de Belleville plutot que dans le camp des sept ou huit millions d'électeurs poussés vers l'Empire, non par sottise ni par fanatisme pour un homme flegmatique, mais par la plus insurmontable répulsion de la forme républicaine?

Il existait, je le répète, entre l'armée et la République, des abimes infranchissables, des haines vigoureuses, chroniques, mortelles, qui s'étaient affirmées hautement, dans mille circonstances, dans les clubs, à la tribune comme dans les journaux de la révolution.

L'idéal de la République était incompatible avec l'existence de l'armée, et l'armée, de son coté, n'admettait pas l'existence de la République.

Il fallait prévoir, le 4 septembre, parceque cela tombait sous le sens, que les maréchaux, les généraux, l'armée française, s'ils devaient, se trouvant momentanément paralysés, renoncer à la satisfaction de balayer le gouvernement acclamé par le peuple de Flourens, montreraient pour le servir plus que de la froideur.

Les généraux connaissent parfaitement le peuple qui fait les révolutions ; ils n'éprouvaient pour lui ni grand respect ni vive sympathie. Ce peuple, je l'ai vu moi-même, de très près, le 4 septembre ; il passait en tourbillons sur les boulevards, sur les quais, jetant la stupeur partout, épouvantant les boutiquiers, inaugurant son règne comme il était naturel qu'il fut inauguré, par un acte de destruction, c'est-à-dire en criblant de pierres, de coups de bayonnettes, les magasins sur lesquels il trouvait les armes impériales. On se serait sans nul doute hâté de les enlever, mais le peuple le grand peuple souverain, composé à peu près exclusivement d'individus des deux sexes, déclassés de la pire espèce, voulait sur le champ donner la mesure de sa force, de sa justice, de son intelligence.

Chose assez singulière, parmi toutes les personnes que j'ai interrogées, parmi toutes celles que je connais à Paris, pas une seule n'a figuré, le 4 septembre, dans les rangs du peuple souverain, et je n'entends parler ici ni de mon banquier, ni de mon notaire, nécessairement des aristocrates; mais seulement de mon perruquier, de mon tailleur, de mon chemisier, de mon concierge, de mon porteur d'eau, de mon tapissier, de mon pharmacien, de mon loueur de voitures, de mon boulanger, de mon boucher, de ma marchande de lait, y compris mon décrotteur, qui travaille en boutique.

Parmi tous ces travailleurs travaillant, élevant leurs familles, possédant des habits de rechange, ne connaissant les clubs que pour les maudire, pas un n'a acclamé le gouvernement nouveau ; bien peu ont regretté le gouvernement ancien. Ils devinaient que cet orage pourrait leur coûter cher, ils voyaient l'émeute en permanence dans les rues de Paris, ce qui pour eux signifie rigoureusement le magasin désert, la caisse vide, les dettes s'accumulant, les enfants sans pain, l'avenir tout-à-fait sombre. Aussi, je l'affirme, ces boutiquiers infects, pour parler le langage des janissaires de Cluseret, ne figuraient-ils pas dans les rangs du peuple qui hurlait, le 4 septembre, brisait les devantures armoriées, célébrait l'ère de la liberté en multipliant les arrestations, la fraternité en prodiguant les menaces, l'égalité en s'arrogeant tous les droits, tous les pouvoirs.

Il est certain que ce peuple-là n'est pas enchainé comme l'autre. Il n'a pas de boutiques, ses recettes sont des accidents, il se moque des dettes, et porte ses enfants dans la grande maison. Libre comme l'air, mobile comme l'onde, brave à ses heures, animé d'une sainte horreur de l'ordre, ne comptant pour vivre, prospérer, grandir, que sur l'inconnu, les coups de théâtre, le peuple de cette catégorie s'intitule volontiers seul souverain ; c'était fort sérieusement qu'il entendait disposer de l'armée et du pays. Bazaine s'est cabré et la France avec lui. Quant à des traîtres, je n'en vois nulle part. Les généraux, l'armée de Metz n'ont jamais cru que la vraie France fut avec les émeutiers victorieux. Et l'empressement de ces derniers à tout conclure sans consulter personne ne donne pas une haute idée de leur sécurité. Peut-être ne s'abusaient-ils pas sur la valeur de ce qu'ils nomment : l'acclamation populaire. Au surplus, en mettant la République, c'est-à-dire des intérêts personnels au-dessus de la patrie, du suffrage universel, les impatients autorisaient largement toutes les défaillances.

Mais Ducrot, Vinoy, d'Aurelle de Paladine ?

Ils étaient libres et savaient mieux que Bazaine que notre pays n'était pas irrévocablement livré aux hommes du drapeau rouge, à la tourbe des grandes villes. Ils pouvaient distinguer entre la France immortelle et la République.

Les prisonniers de Metz, égarés par des rapports rédigés avec la plus perfide habileté, durent donc toujours considérer que le devoir, l'intérêt de la Patrie, si éloquemment invoqué par M. Gambetta, réclamaient avant tout la défaite du désordre, dont M. Gambetta et ses amis étaient à leurs yeux, les plus éminents, les plus complets représentants. Vainqueurs, ils s'armaient pour les chasser, vaincus ils ne pouvaient que s'éloigner. Quant à s'immoler pour leur cause, le sacrifice dépassait de beaucoup la mesure des forces humaines. Garibaldi réunissant ses camarades pour défendre le pouvoir temporel du Pape ne serait pas plus extraordinaire, que Bazaine, appuyé sur la garde Impériale, s'efforçant de sauver la République, sous laquelle, Robespierre, Barrere, Collot-d'Herbois, avait pour les généraux des commissaires si zélés, des espions si perfides et des récompenses si peu désirables.

Le groupe républicain pouvait cependant réussir, mais seulement en s'effaçant, en rendant le pays à lui-même, en parlant le moins possible de liquidation sociale, de Blanqui, de drapeau rouge, de Dombrowski, de Mégy. La République aurait eu, dans ce cas, bien des chances en sa faveur. Admettons pourtant qu'elle eut dû périr une fois encore. La France amoindrie, ruinée, dévastée, mutilée, serait aujourd'hui debout, riche, florissante, sa frontière intacte. Bazaine, un vaillant soldat, l'armée de Metz, une solide armée, auraient tenu tête à l'ennemi. Tous les français valides, parmi lesquels beaucoup redoutaient moins les prussiens que les Pyat, les exécuteurs anonymes de Montmartre, auraient marché avec fermeté, chassant les hordes allemandes, comme l'ouragan chasse la poussière.

Vous ne l'avez pas voulu.

Vous n'avez pas compris qu'on ne change pas de cocarde comme on change de gants, et qu'il vous fallait respecter les scrupules de nos généraux. Comme les républicains, ils ont des opinions, et comme eux ils entendent les défendre. Ne faudrait-il pas d'ailleurs absolument désespérer d'un pays, si son armée, que je suppose puissante, consentait à servir avec une égale indifférence, aujourd'hui le gouvernement de l'Empereur, demain le gouvernement de Rochefort, après-demain le gouvernement de Pyat, plus tard le gouvernement de Cluseret, à mesure que ces diverses notabilités, poussés par leurs clubs, s'empareraient de l'Hôtel-de-Ville? Veut-on, de bonne foi, que les Bazaine, les Canrobert, les Lebrun, les Coffinieres, les Lamirault, les créateurs de l'Empire, les familiers de l'Empereur, dociles aux injonctions de maître Gambetta, renient brusquement leur passé, abjurent leurs erreurs, servent avec amour ce qu'ils ont combattu avec ardeur, louent ce qu'ils ont de tout temps honni, méprisé, bafoué, conspué?

Peuvent-ils, en apprenant le nom des victorieux, éprouver autre chose qu'un violent sentiment de colère, un ardent désir d'attaquer, d'écraser cette nouvelle émeute? Ne sont-ils pas personnellement menacés, eux, les mercenaires, les pretoriens de l'Empire? N'est-ce point ainsi que, pendant vingt ans, les factions exaltées ont qualifié nos soldats? Et ces mêmes exaltés réclament aujourd'hui leur alliance? Oublions tout, disent-ils, soyons frères, puisque vos services nous sont indispensables. Au reste, nous sommes la France, vous êtes notre armée: obéissez.

— La France est avec nous, ripostent les généraux, parce que nous sommes l'ordre, elle ne sera jamais avec vous, qui êtes l'émeute, les chefs de quelques milliers de clubistes parisiens. Nous serons toujours séparés. Quels sont les hommes qui vous ont constamment balayés, aux applaudissements du pays? Les soldats. Quels sont, par contre, les ennemis les plus irréconciliables de l'armée? Les républicains de votre école, ainsi que l'attestent vos journaux, vos discours, vos imprécations.

— En résistant à nos ordres vous vous deshonorez.

— En vous obéissant nous justifierions toutes vos injures

Nous ne serions véritablement que de vils mercenaires, au service de tous les conspirateurs heureux. Nous prétendons nous honorer en restant fidèles à nos serments, à l'ordre, avec la Patrie, qui compte sur nous, quoi que vous en disiez.

— Appréciez mieux votre dangereuse théorie: l'Empereur est prisonnier, Rochefort l'emporte.

— Soldats! vive Rochefort.

— Rochefort est renservé, Pyat triomphe.

— Soldats! présentez vos armes.

— Pyat, dit le nautonier, se réfugie dans un bateau légendaire, *Napoléon* Gaillard est maître de l'Hôtel-de-Ville.

— Soldats! obéissez à *Napoléon* Gaillard, ensuite à Dombrowski, à Rigault, à Grousset, à Durand, à Topin, à Pouxjereste, à Groslard, etc, etc.

— Et mon Dieu, pourquoi pas? Chacun de ces patriotes ne dispose-t-il pas d'une armée de fanatiques, d'une République d'une Constitution, d'un peuple!

— Est-ce là votre idéal? A quels signes infaillibles reconnaîtrons-nous que le vrai peuple est avec vous, que la populace seule marche derrière Cluseret, Dombrowski, Groslard? et Cie?

— Non, non, vous vous valez. Vous n'êtes qu'un accident, un phénomène douloureux, sans racine, sans avenir. Vous passerez, mais la France restera, et nous resterons avec elle, avec le drapeau tricolore, pour la rétablir sur sa base, dans sa majesté, dans sa prospérité, si nous parvenons, par l'ordre, l'économie, par de viriles résolutions, à cicatriser des plaies qui ne sont pas exclusivement votre œuvre, mais que vous avez étrangement élargies et irritées.

Je n'étais pas à Metz, je n'ai reçu les confidences de personne. Il me semble bien probable toutefois, étant donné le caractère des hommes qui tenaient l'armée dans leurs mains, que je viens d'exposer avec une certaine exactitude les impressions qu'ils ressentirent, les sentiments qu'ils exprimèrent.

Lorsque la République éclata sur la France, un témoin oculaire et auriculaire, déclare, dans une brochure signée : Eugène R...., lieutenant d'infanterie, que la personnalité la plus éminente, la plus respectable du nouveau gouvernement, M. Jules Favre, fut publiquement traité d'immense canaille par M. le colonel Boissie, du 60e, qui aurait même ajouté, devant tout son corps d'officiers : Les membres du gouvernement de la défense nationale ne valent pas six pieds de corde pour les pendre !

Je ne défends pas cette opinion, je la constate, comme un symptôme significatif, dont il importait de tenir compte.

La vive répulsion ouvertement manifestée, à Metz, pour la forme républicaine et pour les républicains, répulsion justifiée par les violentes attaques, les injures furibondes, les menaces de destruction, toutes consignées dans l'histoire contemporaine, étaient encore ravivées, tant à Paris qu'à Lyon (à l'heure même où la République avait un si grand besoin des soldats), par des procédés peu propres à calmer de si ardentes rancunes.

A Paris, par exemple, les futurs gardes du corps des Dombrowski, des Cluseret, mettaient leurs patriotiques mains au collet du général Ambert, qu'ils enlevaient à son secteur, pour le conduire triomphalement à l'Hôtel-de-Ville, l'accusant de méconnaitre leurs ordres, de résister à leurs caprices, en refusant de crier, pour complaire à des subordonnés mutinés : vive la République !

C'est ainsi que ces intelligents apôtres de la liberté entendent la liberté des autres.

Il faut hurler comme eux ou marcher en prison, alors que les plus cruels tyrans se sont toujours contenté du silence de leurs adversaires.

— Au nom de la Patrie, oubliant votre âge, vous prenez place dans l'armée républicaine, prêt à mourir pour le salut commun. Votre expérience si grande éclairera leur ignorance si profonde. Vous saurez d'ailleurs surmonter vos répugnances, refouler vos sentiments, contenir vos opinions, si peu en harmonie avec les sentiments, les goûts, les opinions de ces étranges militaires. Tout cela ne suffit pas. Tu vas crier, misérable, ou tu traverseras Paris, en grand uniforme, escorté par des patriotes avinés.

Pendant que les républicains éclairés de Paris, se conduisaient de la sorte, ceux de Lyon, non moins intelligents, non moins politiques, non bien moins avisés, arrêtaient, le 1er octobre, sous le plus futile prétexte, le commandant de la division, vieillard de 70 ans, qui se croyait mieux protégé par 50 ans d'honorables services. Un proconsul de

40 ans, arrivé à la préfecture du Rhône, par la grâce de son camarade Gambetta, et de quelques articles publiés dans les feuilles libérales, n'avait pas craint de violer toutes les convenances, en mettant aux trousses du vieux soldat les képis indépendants dont il disposait.

Ecoutez le général sexagénaire, écrivant au fringant magistrat :

« Vous savez que j'ai parcouru la ville au milieu d'un
« flot de population qui me jetait à la face les plus outra-
« geantes qualifications, commes celles de traître, de prussien,
« lâche, etc, etc. Vous savez que dans cette foule il s'est
« trouvé des gens, — excellents républicains ! — pour crier :
« *qu'on le fusille, au Rhône, à l'abattoir !*

« *Le général de division,*
« **MAZURE.** »

Quel était le crime du général ? Il prétendait faire respecter sa consigne, qui lui défendait de quitter son poste sans un ordre de son chef direct, le ministre de la guerre siégeant à Tours, duquel il relevait. Le préfet de la République traitait, lui, la consigne de vieillerie démodée, et les sages républicains traînaient le général à travers la ville, parlant de l'abattoir !

Tous ces détails, M. de Bismark s'arrangeait pour les faire parvenir à Metz, peut-être même en les exagérant ; l'on peut supposer qu'ils n'y faisaient de nombreux prosélytes à la République, le gouvernement de tous les pardons, de toutes les grandeurs, de toutes les radieuses libertés.

Et l'on aurait voulu que de tels soldats, si singulièrement traités, s'inclinant devant les injonctions des hommes qu'ils jugeaient, à Metz, avec tant de sévérité, je dirai même avec tant d'injustice, se fissent tuer pour sauver la République! Erreur profonde, chimère colossale, pure folie!

Si jamais M. Gambetta parvient à faire remonter le Rhône vers sa source, s'il réussit à faire confesser le maire Mottu, s'il rapproche sous le même étendard, MM. Delescluze, Cathelineau, Pyat, Veuillot, Rochefort, Cassagnac et M. de Charette, je rendrai hommage à son habileté, à son incroyable puissance; tout en persistant à considérer ces divers miracles comme moins difficiles à accomplir que ne le serait le fait inouï d'avoir subitement amené les maréchaux, les généraux, la garde de l'Empereur, à devenir, du jour au lendemain, les soldats, les maréchaux, les dociles subordonnés de maître Gambetta, flanqué de son ami Freycinet. Le sentiment qui dominait dans le cœur de ces militaires éminents, c'était le dédain, souvent le mépris, pour les hommes nouveaux dans lesquels ils ne voyaient que des ambitieux vulgaires, dangereux, altérés de pouvoir, convoivoitant avec frénésie des places de première classe autour du gigantesque veau d'or, le budget de la France. Je crois fermement, moi, qu'ils voulaient aussi la grandeur, la liberté, la prospérité du pays; mais je reconnais loyalement qu'ils ne lui ont donné, bien involontairement sans doute, que l'anarchie, la défaite, la misère. L'Empire, par la plus inconcevable incurie avait brisé nos armes. La République, œuvre d'une minorité imperceptible, brillante à sa tête, ignoble à sa queue, se défiant du suffrage universel, lui préférant les acclamations de la lie populaire, s'érigeant, dès la première heure, en dogme indiscutable, épouvantant tout le monde, menaçant tous les intérêts, glaçant tous les courages, s'aliénant l'Eglise, qui est une grande puissance ; s'abaissant parfois devant l'armée, après l'avoir si cruellement insultée, menacée de licenciement définitif, absolu ; la République, n'ayant plus d'autres lois que les caprices mobiles de quelques jeunes hommes plus ardents que sensés, nous a ôté jusqu'à la pensée de forger des armes nouvelles, qui, cette fois, eussent été invincibles. On brise un Empire, on écrase une faction, on ne pourrait rien contre un grand peuple, lequel sans République dissolvante, sans entraves, sans arrière-pensée, marcherait pour défendre son sol, son unité, sa liberté.

Il importe que les prussiens le sachent bien, ils ont vaincu Louis Bonaparte, ils ont vaincu Léon Gambetta, parceque la vraie France ne marchait pas plus derrière l'un que derrière l'autre. Le jour où celle-là s'armera sérieusement, les allemands pourront reprendre le chemin de Berlin, et ils feront sagement de se hâter. Le temps des fuyards sera passé, nous n'entendrons plus ces mots stupides : *nous sommes trahis !* L'heure de la victoire aura sonné pour nous.

Des traîtres, je l'ai dit, je le répète, il n'y en a eu nulle part, ni à Metz, ni à Paris.

Nos généraux, sans nouvelles précises, ont pu croire que la révolution, leur implacable ennemie, déchaînée partout, multipliait les crimes, les ignominies, les folies sanguinaires. En homme habile, M. de Bismark a largement profité du trouble des esprits pour paralyser tous les bras, gagner du temps, encourager des illusions, produire des combinaisons, faire naître des espérances dans la réalisation desquelles des soldats disciplinés, fanatiques de l'ordre, voyaient avec une égale satisfaction la fin de la République, leur propre délivrance, la délivrance du pays. Oui, ils durent croire cela et ils le crurent jusqu'à l'heure fatale des explications catégoriques. A ce moment-là, la France de Condé, de Turenne, de Louis XIV rendait le dernier soupir. Nous perdions la Lorraine, l'Alsace, nos plus riches provinces, nos meilleurs éléments militaires, et peut-être pour longtemps. Nous vîmes alors des clubistes sans pudeur, tous les déclassés, scories de toutes les capitales, répudiés de toute l'Europe, inconnus sans responsabilité, ne trouvant pas la France suffisamment mutilée, entreprendre audacieusement de la diminuer encore, pour la ramener à leur taille, en la séparant de Paris, qui leur ferait un repaire idéal.

Le complot a réussi, mais la tragédie sera courte.

Plus que jamais, ceux qui ne trahissent pas, mais qui se *replient* avec tant d'ensemble et de fermeté, poursuivent de leurs imprécations ceux qui trahissent toujours, les Trochu, les Vinoy, les Picard, les Ducros, les Favre, les Chanzy, les Bourbaki, les Thiers, les Bazaine, tous les vaillants, tous les illustres!

Que leur importe de souiller, de flétrir notre gloire? Est-ce qu'ils ont quelque chose de commun avec elle?

Les plus violents, les plus acharnés, après les clubistes, sont ces soldats sans culture des dernières armées, particulièrement les volontaires comospolites, qui ont couté si cher, rendu si peu de services. Peut-être pensent-ils expliquer, justifier leurs défaites en incriminant leurs chefs, les simples lieutenants comme les généraux. Ils ne parviennent qu'à soulever de dégout le cœur de tous les honnêtes gens.

Au reste, la traitromanie se calmera, déjà même elle se modère. Il ne reste sur la brèche que les imbéciles incurables, refractaires à la lumière, au bon sens, plus peureux que des lièvres ayant senti la poudre, ne s'en consolant pas. Pour ceux-là, Bazaine, Jules Favre, Thiers, resteront des traîtres et n'en seront que plus honorés.

Personne n'a trahi, tout le monde s'est trompé, un homme seul demeure responsable de nos inénarrables malheurs! un seul homme, dis-je, répondra devant la postérité indignée, de nos richesses détruites, de nos villes dévastées, de nos campagnes ravagées, comme des larmes des veuves et des orphelins, pleurant agenouillés sur deux cent mille tombes.

Et ce ne sera pas M. le maréchal Bazaine.

LA RÉPUBLIQUE

Je ne suis pas ce qu'on pourrait appeler un républicain exalté. Mes opinions politiques, très libérales, ainsi que l'attestent vingt ans de luttes en faveur du pauvre, de l'ouvrier, de mesures généreuses, ne cadreraient cependant pas avec les opinions de Vésinier, de Grousset et autres sinistres farceurs de la même bande. Toutefois, n'appartenant pas à l'école de ces patriotes, je le déclare sincèrement, si le suffrage universel se prononçait pour la forme républicaine, je m'inclinerais respectueusement devant sa décision. Il n'y a rien, selon moi, au-dessus de la volonté nationale, pas plus la République qu'autre chose. Les Lycurgue de brasserie, je le sais bien, ne l'entendent pas de la sorte. Eux d'abord, le suffrage universel ensuite, s'il s'accomode de leur domination, de leurs rêves, de leurs folies. A ce prix, le suffrage universel sera respectable, respecté. Mais s'il s'avise de contrarier leurs plans, de vouloir surtout leur arracher ces bons emplois bien rétribués, ces beaux costumes bien galonnés, bien chamarrés, bien combinés pour charmer les yeux des libres épouses de nos libres penseurs, libres mangeurs, et libres hableurs, le même suffrage sera à l'instant traité avec la plus parfaite désinvolture, le plus complet dédain, par les avocats du peuple des carrefours.

Tout le mal viendrait donc de ce que le terrible suffrage universel, chaque fois qu'il est consulté, s'insurge contre les prétentions de nos excellents patriotes, lesquels ne consentiraient à se tenir en paix que si la grasse et large curée pouvait indéfiniment se prolonger.

Il faudrait donc réellement, pour satisfaire ces bizarres amis du peuple, mettre le suffrage universel de coté, s'arranger de leur lumineuse dictature, et inaugurer sérieusement dans toute la France, à l'exemple de Paris, le règne odieux des minorités d'autant plus violentes, turbulentes, disposées à tout oser, qu'elles sont plus infimes, plus misérables, plus dépourvues de responsabilité. Eh bien ! ces brutes de ruraux ne s'y prêteront pas : Billioray, Groslard, Malinski, Barkroskoff, Gourgandini, Schweitzer, les étranges représentants de la ville de Paris, peuvent se le tenir pour dit. Ils sont là une centaine d'aventuriers dirigeant quelques milliers de fous, qui ne parviendront pas à détruire ce qui reste de notre pays.

Les ruraux voulant l'ordre, se rangeront sous le drapeau qui saura le mieux l'assurer; tout porte à croire que ce ne sera pas le drapeau de la République. Aussi, quelles précautions, quelle défiance à l'endroit des élections et des électeurs non enrégimentés dans les clubs? Ah! l'acclamation populaire serait de bien meilleure composition. Comme elle remplacerait avantageusement ce stupide suffrage universel ! Étrange, étrange peuple que ce peuple français ! Acclame-t-il? La République s'installe. Vote-t-il? La République déguerpit. Cela est invariable, mathématique, historiquement démontré!

Il faut avoir le courage de le dire, la République est à Paris, dans le groupe communard, elle ne saurait être à Versailles, dans le camp de Mac-Mahon. Celui-ci, qui est un noble soldat, veut arracher le pays à l'anarchie, mais il semble certain qu'il ne veut sauver que le pays. Il est le chef des soldats et des ruraux, tous si hostiles aux agisse-

ments des Pyat, des Delescluze, des Blanqui, des Cluseret.
Et c'est d'accord avec eux qu'il désarmera le désordre, les
sbires des réquisitions officieuses, nocturnes, les exécuteurs
des Clément Thomas et des Leconte. En dehors de ces aus-
tères patriotes, restera-t-il des républicains? Pas un seul, ils
l'ont eux-même hautement déclaré. Ils se trompent pourtant,
ils ne sont pas les seuls républicains.

J'en connais personnellement quelques-uns, certainement
des meilleurs, dont les vues sont généreuses, les intentions
droites, les projets irréprochables. La République, fière de
les exhiber, de les mettre en avant, pour dissimuler ses
haillons, lorsqu'elle guette le pouvoir, s'empresse de les
expulser aussitôt qu'elle le tient. On commence invariablement
par le noble Bailly, l'honnête Vergniaud, le doux Lamartine,
le tendre Jules Simon, pour arriver à Marat, à Hébert, à
Carrier, à Blanqui, à Delescluse, aux anonymes de Montmartre, du clos Jouve, de l'Hôtel-de-Ville de Saint-Etienne,
dans la boue, dans le sang; en attendant la salutaire inter-
vention des républicains Bonaparte, Lamoricière, Mac-Mahon,
Changarnier, Pellé, Bedeau, Ladmirault, de Cissey.

Pendant ces sinistres et inévitables évolutions, identique-
ment les mêmes depuis Rome, Athènes Carthage jusqu'à nos
jours, alors que les grands seigneurs de la démocratie, bour-
geois réformistes, mécènes grotesques, déçus en 48, écartés
en 71, prudemment réfugiés dans leurs terres, lorsqu'ils ne
sont pas, pour plus de sureté, installés à Genève, à Bru-
xelles, à Florence, à Madrid, les indifférents, les pacifiques,

Les victimes, les boutiquiers, les vrais travailleurs souffrent, végètent, se désespèrent près des femmes qui gémissent, des enfants qui pleurent et demandent du pain.

Du pain, vils misérables! Voici du fer, voici du plomb: c'est assez pour sauver la République et la liberté! suivez-nous!

Ils appellent cela la liberté!

Eh bien! puisqu'il faut absolument choisir entre la liberté républicaine et l'esclavage royal, entre Mac-Mahon et Mégy; entre ceux qui protègent et ceux qui égorgent; entre ceux qui rassurent les esprits, les affaires, et ceux qui les troublent; entre la tempête, la licence effrénée, et le règne des lois, qui assurera à tout le monde, spécialement aux ouvriers laborieux, aux infâmes ruraux, la sécurité, le bien-être, le pain quotidien, le vêtement confortable, la dignité, le respect, la sympathie générale, nous réclamons avec instances, avec acharnement, des lois, des tribunaux, des soldats et des princes.

Assez de charlatanisme, de mascarade, de promesses décevantes, de banquets patriotiques, de réformes précieuses portant dans leurs flancs, juin, Louis-Napoléon, le 2 décembre, le Mexique, les Prussiens, le démembrement, la ruine de notre pays.

En serions nous là, sans le coup de main des Lagrange, des Sobrier, des Caussidière, des Grandménil, des Flocon, des Chenu et de quelques autres tristes héros de février?

Assez donc de Cluseret, de Dombrowski, de polonais

déguenillés, d'américains en ruolz, de bouffons éperonnés, de saltimbanques politiques, de massacres, de rappels et de képis indépendants.

Assez de barricades, de cadavres étendus dans les ruisseaux, de maisons désertes, d'orphelins abandonnés, perdus, flétris, condamnés à l'éternelle misère.

Des chaines, des chaines, des chaines !

Avril 1871.

www.ingramcontent.com/pod-product-compliance
Lightning Source LLC
Chambersburg PA
CBHW061650050726
47598CB00004B/1533